Ralf Kabelitz

Das Kochbuch
für Kochmuffel

Ralf Kabelitz

Das Kochbuch
für Kochmuffel

Mit Zeichnungen
von Véronique Deiss

AT Verlag

© 1996
AT Verlag, Aarau, Schweiz
Satz, Lithos und Druck: Grafische Betriebe Aargauer Tagblatt AG, Aarau
Bindearbeiten: Buchbinderei Schumacher AG, Schmitten
Printed in Switzerland

ISBN 3-85502-561-4

Inhaltsverzeichnis

Was für eine seltsame Idee

Ein Kochbuch für Kochmuffel, ob das wirklich eine gute Idee ist?
Meine Frau (die es wissen muss) meint ja. Leser meines ersten Kochbuches
«Cuisine du Jardin», ebenfalls im AT Verlag erschienen, sind von der Idee
hell begeistert und haben bereits die ersten Vorbestellungen abgegeben.
Mein Verleger zeigt sich interessiert, und mein Automechaniker nickt wohl-
wollend.

Nur, was könnte die restlichen notorischen Kochmuffel dazu bringen, gerade
ein Kochbuch zu erwerben? Ich schätze, nichts! Weder lustige, kreative
Cartoons noch phantastische, leicht nachkochbare Rezepte noch ein echter
Sonderangebotspreis. Da aber jeder erfolgreiche Buchautor versucht, sich ein
Bild von seinen Lesern zu machen, kann ich mir nur drei Leserkategorien
vorstellen:

- Jene, die dieses Buch (aus welchem Grunde auch immer) geschenkt
  bekommen haben, oder
- dieses Buch noch gar nicht gekauft haben, sondern gerade in einer
  Buchhandlung stehen und das Vorwort lesen, oder
- in Wahrheit gar keine Kochmuffel sind!

Habe ich noch jemanden übersehen?

Sämtliche Rezepte sind,
sofern nicht anders vermerkt,
für 4 Personen berechnet.

Ein Toast für den Kochmuffel

Hunger ist bekanntlich dieser unangenehme Seinszustand, in dem man besser keinen Supermarkt betritt. Mit einem leichten, fröhlichen Appetit lebt es sich da schon weitaus komfortabler. Die Lust auf einen kleinen Gaumenkitzel lässt sich je nach Ihrem Geldbeutel und Ihrem Temperament auf verschiedenste Weise befriedigen. Das Originellste ist natürlich das Schmankerl aus Ihrer eigenen Küche. Und das muss nicht unbedingt viel mehr Arbeit machen als das Aufbacken eines Fertiggerichts. Der Beweis sind meine schnellen Toast-Rezepte für eilige Gäste, kochfaule Gastgeber, gestresste Manager und alle anderen Geniesser.

An dieser Stelle muss es einmal gesagt sein: Ich liebe Kochmuffel! Denn sie gehören zu jenem angenehmen Menschenschlag, der leicht zu beglücken ist, zum Beispiel mit einem gut gekochten Essen oder einem Menüvorschlag für das nächste Rendezvous.

Lammtoast à la Jardinière

Die beiden Scheiben Toastbrot goldgelb toasten und mit der zerdrückten Knoblauchzehe bestreichen. Mit etwas Olivenöl beträufeln.

Das Lammfleisch kurz von beiden Seiten in Olivenöl anbraten. Die Zucchinischeiben zum Schluss mitbraten. Beides leicht mit Salz und Pfeffer würzen und mit gehacktem Basilikum bestreuen.

Alles auf die Toastbrotscheiben schichten und sofort servieren.

Der passende Wein dazu, z. B. ein gut gekühlter Fleurie, sollte natürlich schon entkorkt und eingeschenkt sein.

Für eine Person

2 Scheiben Toastbrot
1 Knoblauchzehe
Olivenöl
50 g dünne Scheiben Lammrücken,
ohne Fett und Knochen
ein paar Zucchinischeiben
etwas frischer Basilikum, gehackt
Salz, Pfeffer
2 Salatblätter
1 Tomate, in Scheiben geschnitten

Toast vegetarisch à la Diabolo

Das Toastbrot goldgelb toasten.

*Den Tofu in Scheiben schneiden und in wenig Sesamöl von beiden Seiten
knusprig anbraten. Mit Sambal Oelek nach Geschmack und Tagesform würzen.*

*Zusammen mit allen übrigen Zutaten auf
die Toastbrotscheiben schichten und servieren.*

Ich persönlich würde dazu ein kaltes Bier trinken.

Für eine Person

2 Scheiben Vollkorntoastbrot
50 g Tofu (küchenfertig gewürzt)
Sesamöl (ersatzweise normales Pflanzenöl)
1 TL Sambal Oelek
2 Blätter Lollo Rosso
1 Tomate, in Scheiben geschnitten
5 Scheiben Salatgurke
etwas Sojasauce

Toast nach Admiralsart

Das Brot goldgelb toasten.

Den Lachs würzen, kurz in Mehl wenden
und in Öl von beiden Seiten knusprig braten. Mit Zitronensaft beträufeln.

Mit dem Salat und der Remouladensauce auf die eine Toastbrotscheibe
geben und mit der zweiten bedecken.

Für eine Person

2 Scheiben Toastbrot
100 g Lachsfilet ohne Haut und Gräten
Salz, Pfeffer
1 EL Mehl
Speiseöl
etwas Zitronensaft
etwas Eisbergsalat, in Streifen geschnitten
1 EL feine Remouladensauce

Die grüne Welle,
auch für den Kochmuffel

Die grüne Welle rollt und das nicht erst seit gestern. Egal, ob Trennkost, Rohkost, Makrobiotik, Vollwertkost, Ayurvedadiät, überall grünt es. Ganz zweifels-
frei, wir wollen immer gesünder essen – aber schnell soll es auch gehen.
Mir geht es da wie Ihnen wahrscheinlich auch: Im Zweifelsfall (nämlich dann,
wenn mir nichts anderes einfällt, oder an heissen Hochsommertagen) gibt
es einen gemischten Salat und sonst nichts. Damit umschiffen wir ganz elegant
gleich drei Probleme: Vitaminmangel, Kalorienüberangebot und Kochfrust.
Das einzige Rezept, das Sie dazu benötigen, ist eine gute Salatsauce.

Ich biete Ihnen gleich drei zur Auswahl.

Klassische Vinaigrette

Zuerst die Gewürze im Essig auflösen, dann langsam das Olivenöl einrühren.

Erst kurz vor dem Anrichten mit dem Salat vermengen.

etwas Bouillonpulver
Salz, Pfeffer
1 Prise Zucker
1 Teil Weissweinessig
4 Teile bestes Olivenöl

*Eine Salatsauce, die sich gut vorbereiten lässt und die Sie
ohne weiteres in einem geschlossenen Gefäss einige Tage im Kühlschrank
aufbewahren können.*

French Dressing

Ausser dem Öl alle Zutaten mit dem Stabmixer verquirlen.

Danach das Öl bei laufendem Mixstab langsam beigeben und einrühren.

3 Eigelb
1 gestrichener TL Salz
1 EL Zucker
1 EL Aceto Balsamico
1 EL Senf
4 EL Weissweinessig
4 EL Wasser
frisch gemahlener Pfeffer
400 ml neutrales Pflanzenöl

Zitronen-Rahm-Dressing

Den Rahm mit den übrigen Zutaten mischen
und mit dem Schneebesen solange schlagen, bis die Sauce schaumig ist.

Mit Salz und Weissweinessig abschmecken.

***Tip**: Diese Sauce passt ausgezeichnet zu Kopfsalat oder anderen grünen Salaten.*

200 ml Rahm
Saft einer Zitrone
1 EL Zucker
Salz
Weissweinessig

Tortellinisalat mit Zuckerschoten

Die Tortellini in reichlich Salzwasser (8–10 Minuten) gar kochen, auf ein Sieb geben und mit kaltem Wasser abspülen.

Die Zuckerschoten putzen (das heisst die Enden mit einem kleinen Messer knapp abschneiden) und 2 Minuten in Salzwasser kochen, ebenfalls kalt abspülen oder in Eiswasser abschrecken. Die Tomaten in Würfel schneiden.

Essig, Öl und Gewürze zu einer Salatsauce rühren und diese mit den abgetropften Tortellini, den Tomaten und den Zuckerschoten vermengen.

Tip: Dieser Salat eignet sich solo oder auch als Beilage zu Fisch und Fleisch.

500 g frische Tortellini
100 g Zuckerschoten (Kefen)
2 Tomaten
2 EL Knoblauchessig oder Weissweinessig
5 EL Olivenöl
Salz, Pfeffer

Tomatensalat mit Mortadella

Von den Tomaten den Stielansatz entfernen. Die Tomaten
in Scheiben schneiden.

Die Mortadellascheiben vierteln.

Den Schnittlauch fein schneiden.

Aus den restlichen Zutaten eine Salatsauce rühren und diese vorsichtig mit den
Tomaten und der Mortadella oder Fleischwurst vermengen.

Mit dem Schnittlauch bestreut servieren.

500 g reife, aber feste Tomaten
100 g Mortadella oder Fleischwurst,
in Scheiben geschnitten
½ Bund Schnittlauch
1 EL Rotweinessig
1 El Zucker
6 EL Olivenöl
Salz, Pfeffer

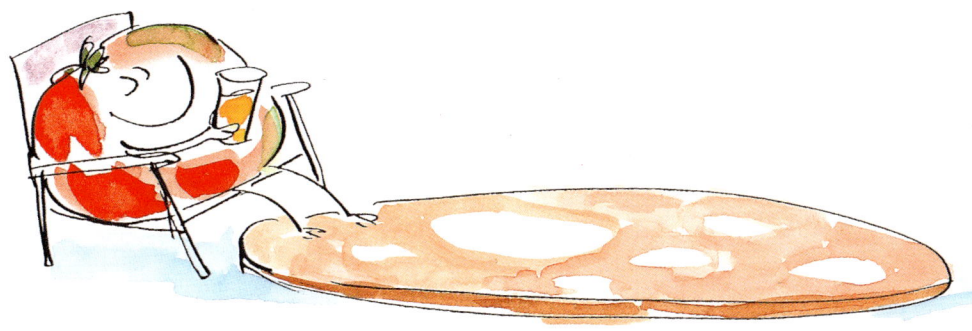

Wenn es ein Zauberwort gibt für alle Kochmüden, müsste es «Rohkost» heissen.
Denn abgesehen davon, dass sie wenig Arbeit macht, ist sie bekanntlich auch
noch ausgesprochen gesund.

Rohkost mit Avocado-Dip

Die Gemüse in Streifen schneiden und auf einem grossen Teller
schön anrichten.

Die Avocados längs halbieren und den Kern entfernen. Mit Hilfe eines
Esslöffels das Fruchtfleisch aus der Schale lösen und mit dem Sauerrahm, dem
Zitronensaft, Cayennepfeffer und Salz zu einer glatten Creme mixen.
Diese separat zum Gemüse servieren.

Tip: Sie können auch andere Gemüse, wie z. B. Blumenkohl, Broccoli,
Spargel oder Zucchini verwenden. Dann müssen Sie die Gemüse allerdings vor-
her in Salzwasser kurz garen und danach mit kaltem Wasser abschrecken.

1 kg Gemüse (z. B. rote Paprika/
Peperoni, Kohlrabi,
Karotten, Stangensellerie)
2 reife Avocados
200 g Sauerrahm
1 EL Zitronensaft
Cayennepfeffer
Salz

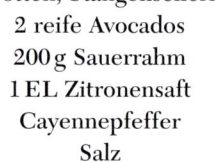

Von schwierigen Essern
und motivierten Jungköchen

Es gibt sich leider zuhauf, die schwierigen Esser. Der eine mag keinen Knoblauch, der andere kein Lammfleisch, ein dritter hält strenge tiereiweissfreie Diät oder hat gar eine Weizenallergie.

Aber mit Abstand der schwierigste Esser ist mein siebenjähriger Sohn. Dabei ist seine Abneigungsliste im Grunde genommen recht kurz: Er mag kein grünes Gemüse (eigentlich gar kein Gemüse), warm isst er nur zwischen 12 und 13 Uhr mittags, abends nie (was ständig unsere Ausflugspläne durcheinanderbringt), Fisch nur in Stäbchenform und Fleisch fast gar nicht. Wieso er trotzdem ständig wächst, wird mir immer ein Rätsel bleiben. Seine schlimmste Kochmuffelphase hat mein Sohn gerade überwunden. Sein Erfolgserlebnis beim Rührei-braten war so nachhaltig, dass ich befürchte, es wird sie jetzt alle zwei Tage geben – natürlich mit Ketchup! Eines ist mir mittlerweile klargeworden: Irgendwelche pädagogischen Versuche, meine Gäste oder Familienmitglieder zu beeinflussen, zu überzeugen oder zu bekehren, sind völlig zwecklos!

Fast schon ein Hauptgericht zum Preis einer Vorspeise.
Wer da nicht schwach wird …

Gemüsesalat mit gebratener Hühnerbrust

Das Gemüse in Salzwasser gar kochen. Auf ein Sieb geben und mit kaltem
Wasser abspülen, gut abtropfen lassen.

Aus Mayonnaise, Magerjoghurt, Rotweinessig, den durchgepressten
Knoblauchzehen, Petersilie, Salz und Pfeffer eine Sauce rühren. Diese mit dem
Gemüse vermengen.

Die Hähnchenbrustfilets würzen und auf beiden Seiten in Öl jeweils
3 Minuten goldgelb braten.

Den Gemüsesalat auf Tellern jeweils auf ein Blatt grünen Salat
anrichten. Die Hühnerbrustfilets schräg in jeweils 3 bis 4 Scheiben schneiden
und dazulegen.

Tip: Dieses Rezept können Sie noch weiter vereinfachen, indem sie ausnahms-
weise Mischgemüse aus der Dose verwenden.

500 g gemischtes Gemüse, tiefgefroren
½ Glas Mayonnaise (ca. 150 g)
100 g Magerjoghurt
1 TL Rotweinessig
2 Knoblauchzehen
2 EL gehackte Petersilie
Salz, Pfeffer
4 Hähnchenbrustfilets
Speiseöl
einige Salatblätter

*Bremen liegt hoch im Norden Deutschlands, und da lebt ein eigenwilliger,
aber liebenswerter Menschenschlag. Eigentlich also kein Wunder,
dass gerade von hier eine grundsätzlich neue Variante einer so urdeutschen
Angelegenheit kommt.*

Bremer Kartoffelsalat

*Die Kartoffeln in der Schale gar kochen, noch heiss schälen und abkühlen lassen.
Dann in Scheiben schneiden und diese mit Salz und Pfeffer würzen.*

*Die Karotten schälen, die Gurke waschen und beides auf einem Gurkenhobel
in feine Scheiben reiben. Das Grün der Frühlingszwiebeln in Ringe schneiden
(die Zwiebeln für eine andere Zubereitung aufheben).*

*Die Mayonnaise mit den restlichen Zutaten zu einer glatten Sauce
verrühren, mit Salz und Pfeffer würzen und mit den Kartoffeln, den Gurken-
scheiben, den Karottenscheiben und den Zwiebelringen vermengen.*

Sollte die Sauce zu dick sein, verdünnen Sie sie mit etwas Gemüsefond.

750 g Salatkartoffeln
Salz, Pfeffer
2 Karotten
½ Salatgurke
2 Frühlingszwiebeln mit Grün
200 g Mayonnaise
1 TL Senf
1 TL Meerrettich aus dem Glas
1 EL Rotwein
1 TL Zucker
evtl. etwas Gemüsefond

Kleine Saucen- und Suppenkunde

Vielleicht wundern Sie sich, dass ich hier ein ganzes Kapitel den Saucen und Suppen widme. Aber erstens gibt es für mich nichts Wichtigeres als eine gute, sämige und wohlschmeckende Sauce, und zweitens ist dies oft der Punkt, an dem Kochmuffel verzweifeln und zur Tüte greifen.

Die meisten guten Saucen haben als Grundlage einen sogenannten Fond. Dessen Herstellung ist aufwendig und zeitraubend. Also kein Thema für dieses Kochbuch, es sei denn, wir bedienen uns der fertigen Fonds aus dem Glas. Diese gibt es in verschiedensten Varianten: Hühner-, Gemüse-, Kalbfleisch-, Fisch- oder Hummerfond, um nur einige zu nennen. Der Umgang damit ist denkbar einfach, die Verwendungsmöglichkeiten schier unbegrenzt und das Ergebnis durchweg von hoher Qualität.

Und so ganz nebenbei, hier einer meiner besten Kochmuffeltips: Ob Sauce oder Suppe, der Unterschied besteht oft nur im Grad der Würzung und in der Stärke der Bindung. Schnell können Sie aus so manchen Saucen eine Suppe zaubern und umgekehrt. Ihrer Experimentierlust sind kaum Grenzen gesetzt!

Fischsamtsauce

Den Fischfond zusammen mit dem Weisswein aufkochen lassen. Den Doppel-rahm hinzugeben und das Ganze mit Saucenbinder nach Packungsvorschrift nochmals aufkochen. Mit Salz, Pfeffer und Zitronensaft abschmecken.

Diese Sauce lässt sich vielfältig abwandeln. Hier einige Beispiele: mit Kapern, Dill, gehacktem Kerbel, etwas Safran, Currypulver oder Tomatenwürfeln.

Tip: Diese Sauce passt natürlich in erster Linie zu allen Fischgerichten. Sie ist auch als Basis für eine helle Fischsuppe geeignet. Verdoppeln Sie dafür die Zutaten, und lassen Sie ein paar Fischwürfel darin gar ziehen.

1 Glas Fischfond
1 Schuss trockener Weisswein
3 EL Doppelrahm
Instant-Saucenbinder (hell)
Salz, Pfeffer, Zitronensaft

Braune Kalbfleischsauce

Den Kalbsfond mit dem Weisswein etwas einkochen. Saucenbinder nach Packungsvorschrift beigeben und nochmals kurz aufkochen lassen, so dass eine sämige Sauce entsteht.

Die eiskalten Butterstückchen mit dem Schneebesen einarbeiten, und die Sauce mit Salz und Pfeffer abschmecken.

Abwandlungen:
· Anstatt Weisswein Madeira verwenden.
· Rahm und einige eingelegte grüne Pfefferkörner zufügen.
· Rahm und Sherry und angebratene Champignonscheiben beigeben.
· Mit Senfpulver und gehacktem Estragon würzen.

1 Glas Kalbsfond
1 Schuss Weisswein
Instant-Saucenbinder (dunkel)
50 g kalte Butterstückchen
Salz, Pfeffer

Geflügelcremesauce

Den Geflügelfond zusammen mit dem Weisswein aufkochen lassen.
Den Rahm hinzugeben und das Ganze mit dem Saucenbinder nach Packungs-
vorschrift binden. Mit Zitronensaft, Salz und Pfeffer abschmecken.

Probieren Sie als Variante diese Sauce mit den gleichen Gewürzen und Kräutern
wie bei der Fischsamtsauce Seite 24.

1 Glas Geflügelfond oder Bouillonpulver, in ½ l Wasser aufgelöst
1 Schuss trockener Weisswein
200 ml Rahm
Instant-Saucenbinder (hell)
Zitronensaft
Salz, Pfeffer

Sauerrahmsauce mit Kapern

*Die Crème fraîche langsam in einem kleinen Topf erwärmen und soviel
Wasser hinzufügen, dass eine sämige Sauce entsteht – dabei nicht kochen lassen.*

*Die Sauce mit Weissweinessig, Salz, Cayennepfeffer und dem Bouillonpulver
abschmecken. Zum Schluss die abgespülten Kapern zufügen.*

*Tip: Dies ist eine angenehm erfrischende Sauce, besonders zu gekochtem
oder gedünstetem Gemüse.*

300 g Crème fraîche
3–4 EL Wasser
wenig Weissweinessig
Salz, Cayennepfeffer
1 TL Bouillonpulver
1 EL abgespülte Kapern

Eine ausgezeichnete Sauce zu Fisch, Nudeln, Spargel oder hellem Fleisch.
Die Sauce ist so schnell zubereitet, dass alle anderen Menüzutaten möglichst
schon fertig sein sollten.

Pesto-Jus

Den Pesto in einen Topf geben. Mit dem Gemüsefond unter ständigem
Rühren erhitzen.

Die kalten Butterstückchen einrühren, nicht kochen lassen – fertig.

Übrigens: Auch wenn Sie jeden überflüssigen Handgriff scheuen,
Pesto ist auch im Nu selbst gemacht und schmeckt dann natürlich am aller-
besten. Dazu von 2 kleinen Bund Basilikum die Blättchen zupfen und zusammen
mit 2 EL Pinienkernen, 1 Knoblauchzehe, 50 ml Olivenöl, 2 EL geriebenem
Parmesan sowie Salz und Pfeffer im Elektrohacker (Cutter) zu einer
geschmeidigen Masse verarbeiten.

1 Glas Pesto (Basilikumpaste)
bester Qualität
oder 100 g frischer Pesto
von Ihrem «Italiener»
2–3 EL Gemüsefond
2 EL kalte Butterstückchen

Doch nun zu anderen Möglichkeiten, diesmal ohne Fond zu einem schnellen Ergebnis zu kommen. Meine Variante einer Holländischen Sauce, speziell entwickelt für die Freunde der aufgeschlagenen Buttersaucen und der zeitsparenden Arbeitsweise.

Holländische Sauce

Die Butter in einem Topf zerlassen.

Die Eigelbe mit dem Zitronensaft und dem warmen Wasser in einen Mixbecher geben und mit dem Stabmixer verquirlen. Die noch heisse Butter nach und nach einmixen. Mit Salz und Cayennepfeffer abschmecken und sofort servieren.

Die Sauce eignet sich hervorragend zu Spargeln, feinem Gemüse oder gedünstetem Fisch.

Abwandlungen:
2 EL Tomatenwürfel als Einlage oder gehackter Estragon

200 g ungesalzene Butter
3 Eigelb
1 Spritzer Zitronensaft
3 EL warmes Wasser
Salz, Cayennepfeffer

Für alle, die beim vorangehenden Rezept sogleich in ihrer Kalorientabelle nachgeschaut haben, hier eine garantiert «schlanke» Sauce.

Paprikasauce

Die Paprikaschoten halbieren, waschen und in grobe Stücke schneiden. Die Schalotten fein würfeln und den Knoblauch hacken.

Schalotten und Knoblauch im Olivenöl anschwitzen. Die Paprikawürfel dazugeben und mit dem Gemüsefond und dem Weisswein auffüllen.

Die Kartoffeln schälen und mit den Kräutern, dem Paprikapulver und etwas Salz ebenfalls dazugeben. 20 Minuten kochen lassen und anschliessend durch ein grobes Sieb streichen. Mit Sambal Oelek kräftig abschmecken.

Zugegeben, diese Sauce macht etwas Arbeit (was ja ebenfalls zur Entschlackung beiträgt), aber ich hoffe, das Ergebnis entschädigt Sie dafür.

Tip: Aus dieser Sauce wird übrigens im Nu eine Suppe. Verdoppeln Sie die Zutaten, und nehmen Sie etwas weniger Kartoffeln, schon haben Sie eine wunderbare Suppe.

2 rote Paprika (Peperoni)
3 Schalotten
2 Knoblauchzehen
1 EL Olivenöl
½ l Gemüsefond
3 EL Weisswein
200 g Kartoffeln
1 Zweig Thymian
einige Rosmarinnadeln
1 TL Paprikapulver (mild)
Salz, Sambal Oelek

Für dieses Rezept brauchen Sie ein gutes Currypulver. Es gibt Sorten, die so beissend scharf sind, dass zwei Esslöffel davon reichen, Sie wegen versuchter Körperverletzung anzuklagen. Probieren Sie vielleicht zunächst eine milde Sorte aus dem Reformhaus.

Currysuppe mit Geflügelklösschen

Banane, Mango und Apfel schälen. Vom Apfel das Kerngehäuse ausstechen. Das Mangofleisch mit einem Messer vom Kern schneiden und alle Früchte grob würfeln.

Die Schalotten fein würfeln und im Öl anschwitzen. Die Früchte beigeben und kurz mitdünsten. Mit Currypulver bestäuben, mit Gemüsefond oder Bouillon, Rahm und Crème fraîche auffüllen und 20 Minuten kochen lassen.

Anschliessend mit dem Stabmixer fein pürieren und durch ein Sieb streichen (dies geht am besten mit einem Spitzsieb).

Mit Zitronensaft und Salz abschmecken und zuletzt die Geflügelklösschen beigeben und in der Suppe erwärmen.

1 Banane
1 Mango
1 Apfel
2 Schalotten
2 EL Öl
1–2 EL Currypulver
½ l Gemüsefond oder Bouillon
aus Bouillonpulver oder -würfel
300 ml Rahm
200 g Crème fraîche
Zitronensaft
Salz
150 g Geflügelklösschen
(Fertigprodukt)

31

Grünkernsuppe mit Pfifferlingen

Die Butter in einem Topf zerlassen und das Grünkernmehl einstreuen.
Kurz durchrühren und vom Herd nehmen. Den Gemüsefond darunterrühren.
Die Suppe wieder auf den Herd setzen und 5 Minuten kochen lassen,
anschliessend den Rahm hinzugeben.

Die Pfifferlinge mit kaltem Wasser abbrausen und putzen.

Die Schalotte fein würfeln, in etwas Öl andünsten, dann die Pfifferlinge
beigeben und bei hoher Hitze mit anbraten. Auf Küchenpapier entfetten und
anschliessend in die Suppe geben.

Die Suppe mit Salz und Pfeffer abschmecken und mit gehackter Petersilie
bestreuen.

Tip: Sollten Sie noch Zeit haben,
schlagen Sie etwas Rahm
und heben diesen zum Schluss
unter die Suppe.

50 g Butter
50 g Grünkernmehl
1 l Gemüsefond oder Bouillon
aus Bouillonpulver
100 ml Rahm
200 g Pfifferlinge (Eierschwämme)
1 Schalotte
Pflanzenöl
Salz, Pfeffer
1 EL gehackte Petersilie

Gazpacho mit Shrimps

Die Gemüse waschen, die Paprika halbieren, Stiele und Kerne entfernen,
die Salatgurke schälen und alles in grobe Würfel schneiden.

Das Toastbrot entrinden und in Würfel schneiden.

Das Gemüse mit dem fein gehackten Knoblauch, dem Noilly Prat,
etwas Zitronensaft, Salz, Cayennepfeffer und den fein geschnittenen Basilikum-
blättern 10 Minuten marinieren. Danach alles im Mixer fein pürieren
und zum Schluss die Mayonnaise dazugeben.

Nochmals abschmecken, die Shrimps beigeben und die Suppe in Tellern
servieren.

4 reife Tomaten
2 rote und 1 grüne Paprika (Peperoni)
½ Salatgurke
2 Scheiben Toastbrot
2 Knoblauchzehen
2 EL Noilly Prat (französischer Wermut)
Zitronensaft
Salz, Cayennepfeffer
2 Zweige Basilikum
2 EL Mayonnaise
100 g Shrimps

Eine Suppe für kühle Wintertage und grosse Familientreffen.

Linsenspuppe mit Kasselerwürfeln

*Die Schalotten fein würfeln und in etwas Pflanzenöl glasig dünsten,
die Speckwürfel dazugeben und kurz mit anschwitzen.*

*Karotte, Sellerie und Kartoffeln schälen, würfeln und dazugeben.
Den Lauch gut waschen, das Dunkelgrüne entfernen, den Rest in Scheiben
schneiden und ebenfalls dazugeben. Das Tomatenmark unterrühren
und die abgetropften Linsen hinzugeben.*

*Mit der Gemüsebrühe auffüllen, das Lorbeerblatt einlegen
und die Linsen in 30 Minuten gar kochen.*

*Die Kasselerkoteletts (Rippli) in Würfel schneiden und 5 Minuten
mitkochen lassen.*

Mit Salz, Pfeffer und Aceto Balsamico abschmecken.

250 g kleine Linsen (über Nacht eingeweicht)
2 Schalotten
Pflanzenöl
50 g magerer Speck, gewürfelt
1 Karotte
200 g Sellerie
3 Kartoffeln
1 dünne Stange Lauch
1 EL Tomatenmark
700 ml Gemüsebrühe aus Würfeln oder Pulver
1 Lorbeerblatt
2 Kasselerkoteletts (Rippli)
Salz, Pfeffer
Aceto Balsamico

Verflixtes Kochen

Egal, ob enthusiastischer Hobbykoch oder Kochmuffel – niemand ist gefeit vor den Unwägbar-
keiten des Lebens und erst recht nicht des Kochens.

Wer kennt sie nicht, diese Tage, an denen alles,
wirklich alles schiefgeht. Meist kündigt sich das
drohende Unheil schon frühzeitig an, nämlich
morgens im Badezimmer. Ein tiefer Blick in den
Spiegel, und die Sache ist klar: Aus diesem Tag kann
nichts werden. Nur Pech, dass Sie heute abend
Gäste eingeladen haben. «Warum gerade heute?»
werden Sie sich fragen. So nimmt das Geschehen
seinen vorbestimmten Lauf. Sie wissen, was ich
meine!

Der Biskuitteig geht nicht auf (was er sonst
immer tut), die Gelatine klumpt (was sie sonst nie
tut) und die Sauce gerinnt. Vielleicht ist ja der
Wetterumschwung schuld oder auch der Vollmond,
viel wahrscheinlicher ist aber, dieser Tag ist verhext.
Und da gegen Magie bekanntlich nur Gegenmagie
hilft, gebe ich Ihnen einen guten Rat: Gehen Sie
gleich morgens wieder ins Bett, und lachen Sie,
bis der Bauch schmerzt. Sie werden sehen, der Spuk
ist vorbei!

Wetten, dass Sie diese Suppe schneller gekocht haben, als Ihr Tisch gedeckt ist!

Gartenkräutersuppe mit gekochtem Schinken

*Den Gemüsefond oder die Bouillon aufkochen und den Rahm unterrühren.
Die Instant-Mehlschwitze einrühren und eine Minute kochen lassen.
Die Crème fraîche dazugeben und auflösen.*

Den Schinken in kleine Vierecke schneiden und mit den Kräutern in die Suppe geben. Mit Cayennepfeffer, Salz und Weissweinessig abschmecken.

Tip: Noch feiner schmeckt die Suppe, wenn Sie einen Teil des Rahms steif schlagen und erst beim Servieren unter die Suppe ziehen.

Auch bei diesem Rezept gilt: Suppe = Sauce. Nehmen Sie die halbe Rezeptmenge, dicken Sie etwas stärker an, und Ihre Kräutersauce ist fertig!

800 ml Gemüsefond oder -bouillon
aus Pulver oder Würfeln
200 ml Rahm
4 EL Mehlschwitze (Instant)
2 EL Crème fraîche
80 g gekochter Schinken in Scheiben
1 Handvoll verschiedene Gartenkräuter, gehackt
(z. B. Petersilie, Schnittlauch, Sauerampfer,
Borretsch)
Cayennepfeffer, Salz
einige Spritzer Weissweinessig

Fisch-Freitag

Fisch ist etwas Herrliches – schnell zubereitet, kalorienarm und schmackhaft.
Also ein wahrer Glücksfall für Feinschmecker und Kochmuffel, für letztere vor
allem, wenn er schon vom Fischhändler filetiert und entgrätet wurde. Nur
müssen Sie einige Dinge bei der Zubereitung beachten: Erstens, der Fisch muss
so frisch wie möglich verarbeitet werden, zweitens, er erfordert etwas Finger-
spitzengefühl bei den Garzeiten (die Grenze zwischen noch glasig und stroh-
trocken ist relativ schnell überschritten). Aber keine Angst, meine Rezepte sind
sturmerprobt.

*Ein Fischfreitagsrezept für sonntags, schon der hohen Anschaffungs-
kosten wegen.*

Saltimbocca vom Seeteufel

*Die Seeteufeltranchen vom Fischhändler zum Füllen vorbereiten
lassen (Taschen einschneiden). Die Tranchen jeweils mit einer halben Scheibe
Frühstücksspeck und einem Salbeiblatt füllen. Den Fisch aussen
leicht salzen und pfeffern.*

*Die Tomaten oben kreuzweise einritzen und einige Sekunden in kochendes
Wasser legen, anschliessend sofort kalt abschrecken. Nun die Haut abziehen,
die Tomaten halbieren und die Kerne auskratzen, das übriggebliebene
Fruchtfleisch würfeln. Die Oliven ebenfalls grob würfeln.*

*Das Olivenöl in einem kleinen Topf erhitzen und die Tomatenwürfel
dazugeben, kurz dünsten. Zwei Löffel Wasser hinzugeben und die kalte Butter
unterrühren, mit Salz und Pfeffer würzen und beiseite stellen.
Die Oliven dazugeben.*

*Die gefüllten Fischtranchen in etwas Mehl wenden und in zwei Pfannen
in Pflanzenöl auf jeder Seite 3–4 Minuten bei mittlerer Hitze braten.
Zum Schluss mit einigen Tropfen Zitronensaft beträufeln. Mit der Tomaten-
Oliven-Sauce servieren.*

Tip: *Noch einfacher geht es, wenn Sie anstelle der Tomaten-Oliven-Sauce
den Pesto-Jus (Seite 28) nehmen.*

*Ausser frischem Baguette würde ich dazu keine Beilagen geben, höchstens einen
gemischten Salat Als Wein empfiehlt sich ein Glas Chablis oder ein deutscher
Weissburgunder.*

8 Tranchen Seeteufel à 80 g
4 Scheiben Frühstücksspeck
8 Salbeiblätter
Salz, Pfeffer
4 reife Tomaten
3 EL entkernte Oliven
4 EL Olivenöl
2 EL kalte Butter
Mehl
Pflanzenöl
Zitronensaft

Lachsschnitte auf gedünstetem Chicorée mit Safransauce

Die Lachsfilets leicht salzen und beiseite stellen.

Den Chicorée in einzelne Blätter zerlegen und 10 Minuten in lauwarmes Zitronenwasser legen. (Dies entzieht dem Chicorée seine Bitterstoffe).

Während dieser Zeit können Sie die Safransauce kochen (siehe Seite 41).

Den Chicorée gut abtropfen lassen. In einem Topf das Olivenöl und die Butter erhitzen und den Chicorée, mit dem Zucker bestreut, darin anschwitzen. Mit Salz und Pfeffer würzen. Bei geschlossenem Deckel 5 Minuten gar dünsten.

Die Lachsfilets im Mehl wenden und in einer Pfanne in mässig heissem Öl auf jeder Seite einige Minuten braten. Sofort zusammen mit dem Chicorée und der Sauce servieren.

Tip: Wollen Sie den Lachs als Hauptgang servieren, können Sie Salzkartoffeln dazu reichen. Sie können auch andere Fischsorten verwenden, die zum Braten geeignet sind.

4 Lachsfilets ohne Haut und Gräten
2 Zapfen Chicorée
1 Zitrone, Saft
2 EL Olivenöl
1 EL Butter
1 Prise Zucker
Salz, Pfeffer
3 EL Weizenmehl
Pflanzenöl

Edelfischragout mit Basmatireis

Den Rahm mit dem Fischfond aufkochen und mit der Mehlschwitze binden.
Die Sauce sollte ziemlich dick sein. Mit Safran, Salz und Pfeffer würzen.
Den Parmesan unterrühren und die Sauce abkühlen lassen.

Die Gemüse in Salzwasser kurz aufkochen, dann kalt abschrecken.

Die Fischwürfel leicht salzen und zusammen mit dem Gemüse in einer
gebutterten Auflaufform verteilen. Die abgekühlte Sauce darübergiessen.
Im 200 °C heissen Ofen 25 Minuten überbacken.

Währenddessen den Basmatireis nach Packungsvorschrift garen.

300 ml Rahm
100 ml Fischfond
helle Mehlschwitze (Instant)
1 Beutel Safran
Salz, Pfeffer
50 g frisch geriebener Parmesan
400 g Gemüse (z. B. Zucchinischeiben,
Paprikawürfel, Zuckerschoten/Kefen)
800 g Fischfilet gewürfelt,
möglichst verschiedene Sorten
(z. B. Lachs, Seezunge, Steinbeisser,
Seeteufel, Zackenbarsch)
1 EL Butter
200 g Basmatireis

Zanderwürfel auf Fenchelgemüse

Das Zanderfilet in gulaschgrosse Würfel schneiden und mit etwas Salz und Zitronensaft würzen.

Die Schalotte und den Fenchel in Streifen schneiden und in der Butter anschwitzen.

Die Kartoffeln schälen, in Scheiben schneiden und dazugeben.
Mit Fischfond und Weisswein auffüllen, mit Salz und Pfeffer würzen.
Bei geschlossenem Deckel 15 Minuten dünsten.

Anschliessend vorsichtig die Crème fraîche unterrühren, die Zanderwürfel dazugeben und nochmals 5 Minuten zugedeckt dünsten. Das fertige Gericht mit gezupftem Dill bestreuen.

Tip: Für dieses Gericht brauchen Sie einen flachen Topf oder eine flache Edelstahlpfanne mit Deckel. Bereiten Sie es lieber nicht für eine grössere Personenzahl als angegeben zu, es könnte sonst leicht breiig werden.

Für zwei Personen

300 g Zanderfilet, entgrätet
Salz
Zitronensaft
1 Schalotte
1 Fenchelknolle
1 EL Butter
2 Kartoffeln (festkochend)
100 ml Fischfond
3 EL Weisswein
Salz, Pfeffer
2 EL Crème fraîche
etwas frischer Dill

Pasta, Polenta & Co.

Wenn eine Ehrenmedaille zu vergeben wäre für die Erfindung kulinarischer
Schnellgerichte, die Kochmuffel und Feinschmecker gleichermassen beglücken,
wäre Italien der erste Anwärter dafür. Es gibt kaum ein anderes Land, dessen
Schatz an National- und Regionalgerichten sich so gut für unser Thema eignet.
Was einmal mehr die Behauptung bestätigt, dass man südlich der Alpen
ganz besonders zu leben versteht.

Spaghetti nach Art der Fischer

Die Zwiebel schälen, fein würfeln und in Olivenöl anschwitzen.
Den Knoblauch schälen, durch die Knoblauchpresse drücken und dazugeben,
das Tomatenmark unterrühren. Die Tomaten hacken und mit ihrem Saft
dazugeben. Mit Bouillonpulver, Thymian, Salz und Pfeffer würzen
und bei offenem Deckel etwa 20 Minuten einkochen lassen.

Die Zucchini in Scheiben oder Stäbchen schneiden und in den letzten 5 Minuten
zusammen mit den Erbsen mitkochen. (Die Sauce muss zum Schluss
ziemlich dick sein.)

In einem grossen Topf 2–3 l Wasser mit einem Schuss Olivenöl
und Salz zum Kochen bringen, und die Spaghetti nach Packungsvorschrift
darin gar kochen.

Die Langustinen in mehrere Stücke zerschneiden. Zusammen mit den
Fischwürfeln leicht salzen und beides in der heissen Tomatensauce gar ziehen
lassen (3–5 Minuten). Zum Schluss die Oliven und die Kapern darüber
verteilen. Das Ganze nun nicht mehr heftig kochen lassen.

Die Spaghetti auf einem Sieb abtropfen lassen und mit der Butter vermengen.
Sofort mit der Sauce und dem frischgeriebenen Parmesankäse servieren.

Tip: Überlassen Sie das Filetieren und Würfeln Ihrem Fischhändler, so sparen
Sie Zeit und haben keine Probleme mit Fischabfällen und Gräten.

1 Zwiebel
Olivenöl
3 Knoblauchzehen
1 EL Tomatenmark
1 grosse Dose geschälte Tomaten
1 EL Bouillonpulver
2 Zweige Thymian
Salz, Pfeffer
1 kleine Zucchini
1 Handvoll junge Erbsen
Olivenöl
400 g Spaghetti
300 g Langustinen oder Gambas, ausgelöst
500 g Fischfilet, gewürfelt (z. B. Seeteufel, Seezunge,
Catfish, Seewolf, Dorsch oder Steinbutt)
200 g schwarze Oliven, entsteint
Kapern
1 EL Butter
150 g Parmesankäse,
frisch gerieben

Ein Rezept, das alle Generationskonflikte auf wunderbare Weise
überwindet – die Kinder lieben die Schmetterlingsnudeln, die Erwachsenen
erfreuen sich am Lammfilet, und die Sauce ist für beide.
Ergebnis: ein kleines Stück Familiendemokratie!

Farfalle mit Lammfilet und Rosmarinjus

Die Nudeln nach Packungsvorschrift garen, auf einem Sieb abtropfen lassen
und anschliessend mit einem Esslöffel Butter vermengen.

Während die Nudeln kochen, das Lammfilet mit Salz und Pfeffer würzen
und in einer heissen Pfanne in etwas Olivenöl von allen Seiten anbraten.
Die Buttertemperatur etwas reduzieren und langsam weiterbraten.
Nach 2–3 Minuten das Fleisch aus der Pfanne nehmen.

Den Bratensatz mit dem Lammfond ablöschen und die Rosmarinnadeln
einlegen. Den Lammfond aufkochen und mit dem
Saucenbinder leicht binden. Mit Bouillonpulver, Salz und Pfeffer würzen.
Das Fleisch wieder in die Sauce geben und sofort mit den Nudeln
und dem Parmesankäse servieren.

Tip: Sie können dazu einige Scheiben Zucchini reichen, die Sie kurz
in Olivenöl anbraten und mit Salz und Pfeffer würzen.

400 g Farfalle (Schmetterlingsnudeln)
1 EL Butter
600 g Lammfilet (ersatzweise 800 g Lammkoteletts)
Salz, Pfeffer, Olivenöl
1 Glas Lammfond
1 EL frische Rosmarinnadeln
2–3 EL brauner Saucenbinder (instant)
1 TL Bouillonpulver

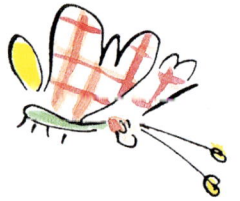

Küchengeräte oder: Vom Schlechten des Guten

Vielfach wird gerade in Kochbüchern für die schnelle Küche den Leserinnen und Lesern die Anschaffung einer Allzweck-Küchenmaschine empfohlen, speziell zur Zeitersparnis bei der Vorbereitung. Aber der Vorteil, den Sie sich damit erkaufen, ist meiner Meinung nach schnell wieder verschenkt, wenn Sie die Zeit berücksichtigen, die Sie zum Säubern der Maschine brauchen. Ganz abgesehen davon, dass ein zusätzliches elektrisches Gerät ihre Küche verstellt. Statt dessen legen Sie Ihr Geld lieber in einem wirklich professionellen Küchenmesser an.

Eine grosse Hilfe ist aber in der Tat ein Handmixgerät, das zum Pürieren und Aufmixen geeignet ist und sich sehr schnell reinigen lässt. Dazu vielleicht noch einen Gurkenhobel und eine Gemüseraffel, und Sie sind schon fast auf dem Einrichtungsstand einer Profiküche.

Vegetarische Gerichte sind in Italien durchaus üblich. Und so gibt es in grösseren Menüs oft ein oder zwei Gänge ohne Fleisch und Fisch. Das fördert die Verdauung und schont den Geldbeutel. Ausserdem sind diese Gerichte meist schnell zubereitet, was die Zutatenliste auf den ersten Blick nicht vermuten liesse.

Überbackene Penne mit verschiedenen Gemüsen und frischem Basilikum

Die Tomaten auf einem Sieb abtropfen lassen (den Saft auffangen), dann grob würfeln. Die Zwiebel schälen und ebenfalls würfeln. Sämtliche Gemüse waschen und in mundgerechte Stücke schneiden.

Die Zwiebel in etwas Olivenöl glasig dünsten. Die Gemüsewürfel dazugeben und mit dem durchgepressten Knoblauch würzen. Mit den Tomatenwürfeln und dem Saft von den Tomaten auffüllen, mit Salz und Pfeffer würzen und 20 Minuten gar kochen.

Die Penne in Salzwasser so lange kochen, bis sie fast gar sind, aber noch ziemlich viel Biss haben. Anschliessend sofort mit kaltem Wasser abbrausen.

Das Basilikum fein schneiden, unter das Tomaten-Gemüse-Ragout mischen und das Ganze unter die Nudeln heben. In eine gut gebutterte Auflaufform füllen, mit dem geriebenen Käse bestreuen und im 220 °C heissen Ofen 30 Minuten überbacken.

Tip: Reichen Sie dazu einen gemischten Salat und trinken Sie nach Belieben ein Glas Chianti.

1 grosse Dose geschälte Tomaten
1 Zwiebel
1 Zucchini
1 kleine Aubergine
2 Karotten
1 Fenchelknolle
1 grüne Paprika (Peperoni)
Olivenöl
2 Knoblauchzehen
Salz, Pfeffer
300 g Penne (Röhrennudeln)
1 kleines Bund frisches Basilikum
Salz, Pfeffer, Butter
200 g geriebener würziger Käse
(z. B. Greyerzer oder mittelalter Gouda)

Nach diesem Ausflug ins Reich der Pastaküche nun zu einem anderen kulinarischen Bestandteil der Cucina italiana, dem Risotto. Er ist verblüffend einfach in der Zubereitung, variationsreich und preiswert. Um einen guten Risotto herzustellen, brauchen Sie den gleichnamigen Reis, der im Handel in verschiedensten Sorten und Grössen und aus den verschiedensten Herkunftsgebieten angeboten wird. Viel wichtiger als die Unterschiede der verschiedenen Sorten ist jedoch die richtige Zubereitung. Der Reis darf nicht zu weich und nicht zu hart gekocht, weder zu trocken noch zu feucht sein. Hierbei zeigt sich mal wieder, dass das vermeintlich Einfache oft das Schwerste ist, weil es hier eben viel mehr auf das Detail ankommt.

Risotto-Grundrezept

Die Schalotten fein würfeln und im Olivenöl anschwitzen. Den Knoblauch dazupressen. Nun den Reis beigeben und so lange dünsten, bis die Körner etwas glasig werden. Mit dem Weisswein ablöschen. Die Gemüsebrühe erhitzen und heiss zum Reis geben.

Den Risotto kurz aufkochen, den Topf mit einem Deckel verschliessen und bei sanfter Hitze 20 Minuten quellen lassen. (Am besten geht das im auf 180 °C vorgeheizten Ofen.) Zum Schluss die Butter vorsichtig unter den Risotto ziehen. Mit Salz und Pfeffer abschmecken und mit Parmesan servieren.

Tip: Dies ist, wie ich finde, die eleganteste Methode der Risottozubereitung. Bei der anderen Methode kocht man den Risotto ohne Deckel, muss aber 20 Minuten lang ständig rühren. Das Endergebnis ist ungefähr dasselbe.

Soweit das Grundprinzip, aus dem sich unendlich viele Varianten ableiten lassen. Hier einige Vorschläge: Curry-Risotto mit Hähnchenbrust-streifen, Zucchini-Risotto, Safran-Risotto, Steinpilz-Risotto, Fisch-Risotto.

3 Schalotten
3 EL Olivenöl
2 Knoblauchzehen
300 g Risottoreis
1 Schuss trockener Weisswein
600 ml Gemüsebouillon
(aus Instant-Bouillonpulver)
2 EL Butter
100 g geriebener Parmesankäse

Aus dem nördlichen Italien kommen viele wunderbare Polentarezepte. Während der Reis in Italien weiter südlich, in der Poebene, wächst, dominiert im Norden traditionell der Maisanbau.

Probieren Sie bitte nicht, Maisgriess selbst herzustellen, indem Sie die kleinen, harten Körner mit Ihrer Haushaltsgetreidemühle mahlen, sie würde sich garantiert verschlucken. Kaufen Sie guten Polentagriess in Ihrem Reformhaus oder in Ihrem Bioladen. Mir schmeckt Polenta am besten, wenn die Masse etwas gestockt ist und sich stürzen lässt, dann erinnert sie nicht so sehr an den deutschen Griessbrei und wirkt auch nicht so plump. Zur Polenta bringe ich meistens Tomaten mit ins Spiel, die dazu mit ihrer pikanten Säure einen ausgezeichneten Kontrast bilden. Ausserdem lechzt Polenta sozusagen nach Sauce und mit ihr auch die Esser.

Auch hier habe ich mich vom Originalrezept (rühren, rühren und nochmals rühren) entfernt, um Zeit Ihre und Nerven zu schonen. (Wer sich schon einmal an blubberndem und spritzendem Polentabrei verbrannt hat, der weiss, wovon ich rede.)

Traditionelle Polenta mit Lammfleischragout

Das Lammfleisch mit Salz und Pfeffer würzen und in einem Brattopf in etwas Olivenöl von allen Seiten kräftig anbraten.

Sämtliches Gemüse grob schneiden, dazugeben und mit Weisswein ablöschen. Mit dem durchgepressten Knoblauch sowie nochmals Salz und Pfeffer würzen. Die Tomaten würfeln und mit dem Saft zum Schmorfleisch geben. Den Rosmarinzweig dazugeben, den Topf mit einem Deckel verschliessen und bei milder Hitze 40 Minuten köcheln lassen.

In der Zwischenzeit die Polenta zubereiten: Die Gemüsebrühe mit der Butter aufkochen und eventuell mit etwas Salz abschmecken. Nun unter ständigem Rühren mit einem Schneebesen den Polentagriess einrieseln lassen.

Die Polenta kurz aufkochen und zugedeckt im 180 °C heissen Ofen 25 Minuten quellen lassen.

Eine Keramikschüssel mit Wasser ausspülen, die fertig gegarte Polenta hinein-geben und mit einem Küchentuch abdecken. Nach 15 Minuten die Polenta auf ein Brett stürzen und zusammen mit dem Ragout servieren.

Tip: Sie haben es sicherlich schon bemerkt, ich liebe Lammfleisch. Sollte das bei Ihnen nicht der Fall sein, können Sie dieses Gericht auch mit Rind- oder Kalbfleisch zubereiten.

600 g Lammfleischragout
(möglichst Schulter, vom Metzger vorgeschnitten)
Salz, Pfeffer
Olivenöl
3 Schalotten
1 Bund Suppengrün
1 Zucchini
1 kleine Aubergine
1 Schuss Weisswein
2 Knoblauchzehen
1 grosse Dose geschälte Tomaten
1 Zweig Rosmarin
700 ml Gemüsebrühe
2 EL Butter
200 g Polenta

Vom Charme der grossen Töpfe

Meine Zuneigung zu den grossen Töpfen hat bestimmt archaische Wurzeln. Gibt es eine schönere Vorstellung? Zwanzig hungrige Stammesgenossen haben sich um den riesigen gusseisernen Topf versammelt. Es ist genug Essen für alle da, zufällig hereinschauende Bekannte können auch noch mit verköstigt werden. Die Stimmung ist gelöst. Die Gastgeber bekommen keine schlechte Laune bei dem Gedanken an den morgigen Abwasch, und der Kredit bei der Hausbank muss auch nicht erhöht werden, um die Kosten des Festes zu decken.

Eine grosse Zufriedenheit breitet sich allenthalben aus, und das ist eben der Charme der grossen Töpfe!

Couscous mit Lammhaxe

Die Kichererbsen über Nacht in reichlich kaltem Wasser einweichen.
Am nächsten Tag mit frischem Wasser aufsetzen und etwa 30 Minuten gar
kochen. Zum Schluss etwas salzen und beiseite stellen.

Die Lammhaxen salzen und pfeffern und im Olivenöl anbraten.

Die Gemüse waschen und in grobe Stücke schneiden. Die Zwiebeln
schälen und vierteln, die Knoblauchzehen schälen und halbieren. Alles zu den
Haxen geben. Mit Wasser auffüllen, bis alles bedeckt ist. Rosmarin,
Paprikapulver, Salz und Pfeffer hinzufügen und einmal aufkochen lassen.
Den dabei entstandenen Schaum mit einem Sieblöffel von der Brühe entfernen
und alles gut 1½ Stunden leise sieden lassen. (In der Zwischenzeit dürfen
Sie sich erst einmal von den Kochstrapazen erholen!)

Wenn das Fleisch gar ist (d. h., wenn es sich leicht vom Knochen lösen lässt),
den Couscous nach Packungsvorschrift garen und mit der Butter vermengen.
Die Kichererbsen erhitzen und mit dem Couscous in einer grossen Schüssel
anrichten. Zusammen mit den Haxen servieren. Das Sambal Oelek
in Schälchen dazu reichen.

Die Gäste bedienen sich selber und würzen je nach gewünschter Schärfe
mit mehr oder weniger Sambal Oelek.

Für 10 Personen

250 g Kichererbsen
10 Lammhaxen
Salz, Pfeffer
3 EL Olivenöl
2 kg Gemüse nach Marktangebot
3 Zwiebeln
6 Knoblauchzehen
3 Zweige Rosmarin
1 EL Paprikapulver edelsüss
600 g Couscous (vorgegart)
50 g Butter
1 grosses Glas Sambal Oelek

*Eintöpfe weckten lange Zeit unbewältigte Kindheitserinnerungen bei mir.
Doch heute, wo ich selbst Vater bin, der kochen und abwaschen muss, werde ich
so nach und nach zum wahren Eintopf-Fan.*

Pot-au-feu à la Bocuse

*Das Rindfleisch mit dem Suppenhuhn, den Rindsknochen, Sellerie,
Karotten, Lauch und Zwiebeln in einen grossen Topf geben und alles mit
frischem Wasser bedecken. Aufkochen und mit einem Sieblöffel den Schaum
entfernen. Die Gewürze hinzugeben und alles 2½ Stunden köcheln lassen.*

*Mit einem Sieblöffel sämtliches Fleisch und Gemüse aus der Suppe nehmen und
das Fleisch in mundgerechte Stücke schneiden.*

*Das Gemüse für die Suppeneinlage putzen und in nicht zu kleine
Stücke schneiden, diese in der Fleischbrühe garen. Zum Schluss das in Stücke
geschnittene Fleisch hinzugeben und die Brühe nochmals abschmecken.*

*Tip: Falls die Suppe sehr fett ist, etwas vom Fett mit einer Suppenkelle
abschöpfen.*

Für 10 Personen

1 kg Rindsbeinscheiben
1 kleines Suppenhuhn
500 g Rindsknochen
1 kleine Knolle Sellerie
6 Karotten
1 Stange Lauch
3 Zwiebeln
2 Lorbeerblätter
2 Nelken
Salz, Pfeffer
1 kg Gemüse nach Marktangebot
als Suppeneinlage

Selbst eingefleischte Gourmets überkommt ab und zu die Sehnsucht nach den einfachen Genüssen. Wer will schon ständig seinen Körper mit Gänsestopfleber, cholesterinhaltigen Krustentieren oder fetten Buttersaucen quälen?

Einfache Kartoffelsuppe

Die Kartoffeln schälen und in Würfel schneiden. Die Gemüse putzen und ebenfalls würfeln. Die Zwiebeln schälen und fein würfeln. Vom Speck die Schwarte entfernen und den Speck ebenfalls fein würfeln.

Den Speck in der Butter auslassen, die Zwiebeln dazugeben und glasig dünsten. Die restlichen Gemüse und die Kartoffeln beigeben und mit 1½ l Wasser auffüllen. Mit Salz, Pfeffer und dem Bouillonpulver würzen.

30 Minuten kochen lassen und dann mit dem Mixstab die Suppe ganz kurz pürieren, so dass eine sämige Bindung entsteht. Zum Servieren mit gehackter Petersilie bestreuen.

Tip: *Als Einlage eignen sich bestens knackige Bockwürste.*

Für 10 Personen

1½ kg mehlige Kartoffeln
2 dünne Stangen Lauch
½ Knolle Sellerie
4 Karotten
2 Zwiebeln
200 g durchwachsener geräucherter Speck
2 EL Butter
Salz, Pfeffer
2 EL Bouillonpulver
gehackte Petersilie

Fleischlust – Fleischfrust

Die Lust auf Fleisch wird uns in letzter Zeit gründlich ausgetrieben. Kaum eine Woche vergeht ohne neue Katastrophenmeldung vom internationalen Fleischmarkt. Wahrscheinlich ist es wirklich an der Zeit, unser Verhältnis zum Fleisch neu zu überdenken. Das heisst nicht unbedingt, gleich Vegetarier zu werden, sondern vielleicht nur, sich etwas einzuschränken. Klasse statt Masse muss die Devise lauten. Das heisst aber auch, auf die Supermarkt-Sonderangebote zu verzichten und sich einen Metzger seines Vertrauens zu suchen, der nur Tiere aus artgerechter Tierhaltung schlachtet. Dafür lieber an anderen Tagen der Woche fleischfrei leben. Ich für meinen Teil jedenfalls verzichte liebend gerne auf Wasserschnitzel, Schrumpfsteaks und Gummihühnchen …

Der Kommentar meiner Frau, nachdem sie dieses Rezept studiert hatte:
«Wie soll das denn funktionieren?» Aber es geht wirklich, bitte glauben Sie mir.

Kartoffelpuffer mit Blutwurst gefüllt
Feldsalat mit Tomaten-Estragonvinaigrette

Die Kartoffeln schälen, grob raffeln und in einem Sieb leicht ausdrücken.
Mit dem Ei vermengen und mit Salz und Pfeffer würzen. Mit einem Esslöffel
8 kleine Häufchen Kartoffelmasse auf ein Küchenbrett setzen und mit einer Brat-
schaufel flachdrücken. Mit jeweils einer Scheibe Blutwurst belegen und
erneut mit etwas Kartoffelmasse bedecken; diese leicht andrücken.

Die gefüllten Kartoffelpuffer mit der Bratschaufel vorsichtig vom Brett
heben und im heissen Butterfett oder Öl von beiden Seiten einige Minuten
goldgelb braten.

Den Salat waschen.

Für die Vinaigrette den Estragonessig mit den Tomatenwürfeln verrühren
und mit Salz, Pfeffer und einer Prise Zucker abschmecken. Nach und nach das
Olivenöl einrühren. Den Feldsalat mit der Vinaigrette anrühren und
zu den Kartoffelpuffern servieren.

600 g Kartoffeln
1 Ei
Salz, Pfeffer
8 Scheiben Blutwurst à 20 g
Butterfett oder Öl
200 g Feldsalat (Nüssli-)
2 EL Estragonessig
2 EL Tomatenwürfel
1 Prise Zucker
6 EL Olivenöl

Geschnetzelte Entenbrust
in Morchelrahmsauce

*Die Morcheln in einer Tasse lauwarmem Wasser 20 Minuten einweichen.
Das Einweichwasser durch ein Sieb abgiessen und beiseite stellen. Die Morcheln
gründlich spülen.*

*Die Morcheln in etwas Öl anschwitzen, mit dem Weinbrand ablöschen
und mit der Einweichflüssigkeit und dem Kalbsfond auffüllen. Die Flüssigkeit
auf die Hälfte einkochen lassen. Den Rahm hinzugeben, kurz aufkochen
und die Sauce mit dem Saucenbinder nach Packungsvorschrift binden.
Mit Salz und Pfeffer abschmecken. Warm halten.*

*Von der Entenbrust die fette Haut abziehen und das Fleisch in Streifen
schneiden. Das Fleisch in drei Portionen nacheinander in wenig Öl unter
ständigem Rühren anbraten. Anschliessend mit Salz und Pfeffer würzen und
in die heisse Morchelsauce geben.*

*Tip: Als Beilage gibt es Rösti aus der Tiefkühltruhe oder, falls Sie genug
Ehrgeiz haben, auch hausgemachte. (Alter Schweizer Rösti-Trick: Kochen Sie die
Kartoffeln schon am Vortag.)*

50 g getrocknete Spitzmorcheln
Pflanzenöl
4 EL Weinbrand
100 ml Kalbsfond
200 ml Rahm
Instant-Saucenbinder (dunkel)
Salz, Pfeffer
500 g Entenbrust

Ragout von grünem Spargel und Kalbsfilet

Das Kalbfilet in gulaschgrosse Würfel schneiden und im heissen Öl von allen Seiten gut anbraten. Mit Salz und Pfeffer würzen und beiseite stellen.

In einem Topf den Weisswein aufkochen, den Rahm, die Rindfleischpaste und den Gemüsefond dazugeben und um ein Drittel einkochen lassen. Die Sauce mit dem Saucenbinder leicht andicken.

Den grünen Spargel am unteren Ende schälen und die Stangen in Stücke schneiden. Diese in Salzwasser 5 Minuten kochen, dann abgiessen und abtropfen lassen.

Das Fleisch in die Sauce geben und erhitzen. Den Spargel ebenfalls dazugeben und sofort servieren.

Tip: *Als Beilage eignet sich Basmatireis oder auch neue Kartoffeln.*

500 g Kalbsfilet
Pflanzenöl
Salz, Pfeffer
½ Tasse trockener Weisswein
300 ml Rahm
1 TL Rindfleischpaste (z. B. Lacroix)
100 ml Gemüsefond oder -bouillon aus Pulver
Instant-Saucenbinder (hell)
500 g grüner Spargel

Spinatquiche mit Greyerzer

*Den Spinat von den groben Stielen befreien, waschen und gut
abtropfen lassen.*

*Die Schalotten fein würfeln, in der Butter anschwitzen, den Knoblauch
dazupressen. Den Spinat beigeben, zudecken und kurz zusammenfallen lassen,
dann sofort auf ein Sieb zum Abtropfen geben.*

*Eine runde Pizza- oder Kuchenform mit Backtrennpapier auslegen
und mit dem ausgerollten Blätterteig belegen, einen Teigrand bilden. Den Teig
mit dem abgekühlten Spinat, den Speckstreifen, dem Käse und den Tomaten-
scheiben belegen.*

*Den Rahm mit den Eiern verquirlen und mit Salz und Pfeffer würzen.
Den Guss auf die Quiche geben und diese im vorgeheizten Ofen bei 220 °C
30 Minuten backen.*

*Tip: Nach dem gleichen Prinzip können Sie verschiedenste Gemüsekuchen
Ihrer Wahl herstellen.*

400 g Blattspinat
2 Schalotten
1 EL Butter
1 Knoblauchzehe
1 Paket Blätterteig, ausgerollt
50 g Frühstücksspeck, in Streifen geschnitten
80 g geriebener Greyerzer
1 grosse Tomate, in Scheiben geschnitten
200 ml Rahm
2 Eier
Salz, Pfeffer

Was die Bezeichnung «Marengo» im Kochjargon bedeutet, lernt jeder Koch als Lehrling in der Berufsschule und jeder Meisterkoch in seiner Ausbildung; nur seltsamerweise kocht es niemand.
Das kann nur daran liegen, dass das Originalrezept viel komplizierter ist als meine Variante.

Kaninchenkeule Marengo

Die Kaninchenstücke mit Salz und Pfeffer würzen. In einem Schmortopf oder einer Pfanne anbraten und mit dem Sherry ablöschen. Die Rindfleischpaste dazugeben und mit ¼ l Wasser auffüllen. 30 Minuten leise kochen lassen. Die Sauce mit dem Saucenbinder eindicken.

Die Pilze putzen, in Scheiben schneiden und in Öl anbraten, mit Salz und Pfeffer würzen und zum Kaninchenfleisch geben.

Die Gnocchi nach Packungsvorschrift erwärmen und dazu servieren.

Tip: *Als Wein empfehle ich dazu einen Pinot Grigio aus Italien.*

4 Kaninchenkeulen (vom Metzger halbiert)
Salz, Pfeffer
1 Schuss trockener Sherry
1 EL Rindfleischpaste (z. B. Lacroix)
Instant-Saucenbinder (dunkel)
200 g Champignons
Speiseöl
1 Beutel frische Kartoffelgnocchi

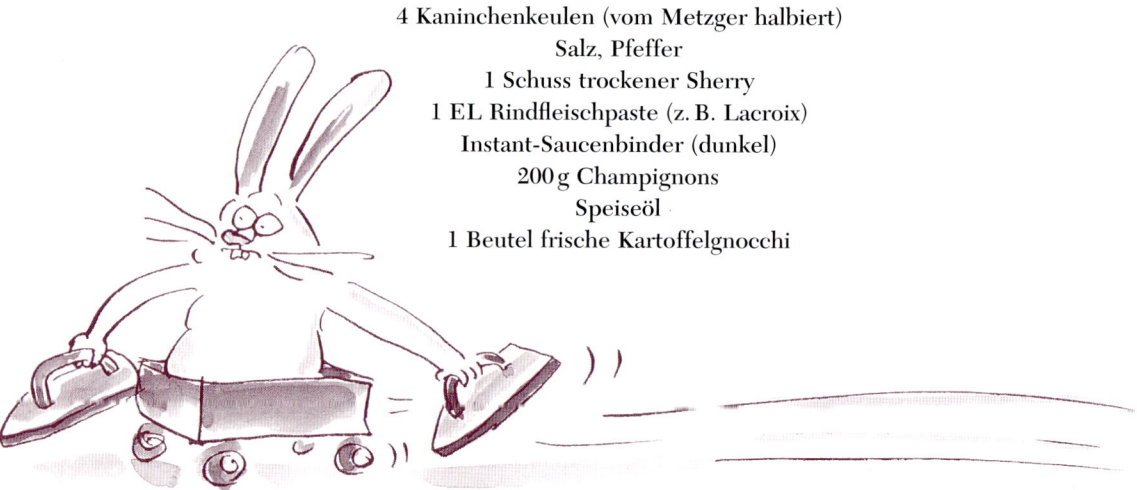

Die Vorbereitung für dieses Gericht ist etwas zeitaufwendig, dafür haben
Sie es beim Servieren recht einfach, und das Ergebnis ist schlichtweg köstlich.
Zu verdanken habe ich das Rezept der Familie Mansa aus Ochsenbach
bei Heidelberg, und deswegen heissen bei uns zu Hause diese leckeren Röllchen
auch «Mansaz».

Gefüllte Mansaz

Aus Weizenmehl, Eiern und Milch einen Pfannkuchenteig rühren und mit
Salz und Pfeffer würzen.

Die Zwiebel und den Speck fein würfeln, die Champignons feucht abwischen
oder waschen und dann in Scheiben schneiden.

Die Zwiebel im Butterfett glasig dünsten, die Speckwürfel dazugeben
und kurz mit anschwitzen. Nun die Champignons beigeben und bei starker Hitze
mit anbraten. Das Wurstbrät aus den Därmen drücken und ebenfalls mitbraten.
Die Crème fraîche zugeben und das Ganze vorsichtig würzen
(oft ist die Wurst schon sehr salzig).

In Butterfett vier Pfannkuchen ausbacken, mit dem Ragout füllen und aufrollen.
Mit dem Käse bestreut servieren.

250 g Weizenmehl
3 Eier
½ l Milch
Salz, Pfeffer
1 Zwiebel
50 g geräucherter Speck
200 g Champignons
Butterfett
4 grobe Bratwürste
200 g Crème fraîche
100 g geriebener Käse

La dolce vita

Das Leben könnte so süss sein, wenn … ja, wenn da nicht diese ermüdenden alltäglichen Pflichten wären. Angefangen bei den täglichen Geschirrbergen bis hin zu den ständig wiederkehrenden Einkaufsfahrten zu überfüllten Supermärkten. Doch es gibt sie, die kleinen Fluchtmöglichkeiten. Sicherlich entwickelt dabei jeder seine eigenen Strategien. Meine lassen sich mit der Zauberformel «VWG» zusammenfassen: Vorratshaltung – Wochenmärkte – Geschirrspülmaschine. Der Rest ist (fast) Spielerei.

Als erstes Dessertrezept folgt ein hausgemachtes Eis. Das Schönste an dieser Rezeptur ist – abgesehen von dem himmlischen Geschmack – ihre bestechende Einfachheit.

Bananen-Erdbeer-Eis für Eilige

Die Erdbeeren noch gefroren mit einem grossen Küchenmesser zerschneiden. Die Bananen schälen und in Stücke schneiden, zusammen mit den Erdbeeren, mit Ahornsirup und Zucker mit dem Stabmixer fein pürieren. Mit Zitronensaft abschmecken.

Sofort ins Gefrierfach stellen und einige Stunden gut durchkühlen lassen.

300 g Erdbeeren (tiefgekühlt)
2 reife Bananen
3 EL Apfelsaft
2 EL Ahornsirup
2 EL Zucker
einige Spritzer Zitronensaft

Die Götter meinen es ja bekanntlich gut mit uns Menschen, hier sogar gleich im doppelten Sinn. Zum einen wollen sie, dass wir uns wenig Arbeit machen, und zum anderen gönnen sie uns diesen himmlischen Geschmack.

Apfelgötterspeise

Den Apfelsaft erhitzen und mit Zitronensaft und Zucker nach Geschmack abschmecken. Die Gelatine in kaltem Wasser einweichen, in einem Sieb ausdrücken und im heissen Apfelsaft auflösen. In eine Schüssel umfüllen und kühl stellen.

Aus der Milch, 2–3 EL Zucker und dem Vanillepuddingpulver (nach Packungsvorschrift) eine Sauce kochen.

Das Apfelgelee ist nach einigen Stunden im Kühlschrank geliert und wird zusammen mit der Vanillesauce serviert.

1 l klarer Apfelsaft
1 Zitrone, Saft
Zucker
14 Blätter Gelatine
½ l Milch
Vanillepuddingpulver

Rhabarbergrütze mit Rahm

Vom Rhabarber die Haut abziehen, den Rhabarber in Stücke schneiden.
Im Apfelsaft 10 Minuten kochen, mit dem Zucker abschmecken. Mit dem Stab-
mixer oder im Mixer fein pürieren.

Den Agar-Agar mit 2 EL kaltem Wasser anrühren und einige Minuten
quellen lassen. Zum Püree geben, aufkochen und dabei gut verrühren. In einer
Schüssel im Kühlschrank erkalten lassen.

Den Rahm mit dem Vanillezucker leicht schlagen, bis er flaumig-dickflüssig wird.
Zur Grütze servieren.

500 g Rhabarber
200 ml Apfelsaft
3 EL Zucker
2 TL Agar-Agar
200 ml Rahm
1 Paket Vanillezucker

«Wer kocht, braucht nicht abzuwaschen!»

Vor 20 Jahren in unserer Wohngemeinschaft gab es eine eiserne Regel: Wer kocht, braucht nicht abzuwaschen. Eine wunderbare Regelung. So kam es, dass ich oft kochte, ja eigentlich ständig!

Heute sieht die Sache bedauerlicherweise etwas anders aus. Ich koche auch zu Hause immer noch oft und gern. Aber wer kann schon seiner Frau widerstehen, die, kaum habe ich einen Schneebesen in der Hand, mich flehend anschaut: «Ich habe doch gerade so schön aufgeräumt.» Ausserdem (meine Frau wird es bestätigen) wasche ich mittlerweile auch des öfteren ab, und wer schädigt sich schon gerne selbst. Das führte mit den Jahren natürlich zu einem völlig veränderten Kochstil. Eine wahre Liebe entwickelte ich zu Eintopf- und Pfannengerichten, die nicht viel mehr Arbeit machen als das Auftauen einer Fertigmahlzeit. Das wissen übrigens mittlerweile auch meine Gäste zu schätzen, denen ich nun, da ich nicht mehr ständig zwischen Küche und Esszimmer hin und her rennen muss, viel mehr Zeit widmen kann. Denn, um ehrlich zu sein, nichts ist schlimmer als «kochgestresste» Gastgeber.

Englischer Apple Pie

Die Äpfel schälen und das Kerngehäuse ausstechen. Die Äpfel halbieren und jede Hälfte in 7 Scheiben schneiden; mit dem Zitronensaft beträufeln. Die Walnüsse hacken und mit den Äpfeln, dem Zucker, dem Zimt, den Semmelbröseln und Rosinen vermengen.

Eine Auflaufform ausbuttern und die Apfelmischung hineingeben. Den Rand der Auflaufform mit Eigelb bepinseln.

Den Blätterteig ausrollen und eine Platte in der Grösse der Auflaufform ausschneiden. Die Teigplatte auf die Apfelfüllung legen und den Rand gut andrücken. Mit dem restlichen Eigelb bepinseln und nach Belieben mit einer Gabel ein Muster zeichnen.

Im vorgeheizten Backofen 10 Minuten bei 220 °C, dann 25 Minuten bei 180 °C backen. Den Rahm schlagen und zum warmen Apple Pie reichen.

750 g säuerliche Äpfel
½ Zitrone, Saft
3 EL Walnüsse (Baumnüsse)
150 g Zucker
1 Prise Zimt
2 EL Semmelbrösel
1 EL Rosinen, in Rum eingeweicht
1 EL Butter
1 Eigelb
1 Paket Blätterteig
200 ml Rahm

Marokkanische Feigencreme

Die Feigen über Nacht in Wasser einweichen. Dann auf einem Sieb abtropfen lassen, das Einweichwasser auffangen. Von den Feigen die harten Stielansätze entfernen, die Feigen in grobe Würfel schneiden und mit dem Stabmixer zu einem glatten Mus pürieren.

Die Äpfel waschen und mit der Schale auf einer groben Raffel reiben, sofort mit Zitronensaft beträufeln.

Den Rahm steif schlagen und alles vorsichtig mischen. Mit der Minze garniert servieren.

250 g Dörrfeigen
2 säuerliche Äpfel
1 TL Zitronensaft
150 ml Rahm
2 Zweige Pfefferminze

Himbeeren mit Mascarpone überbacken

Eine Auflaufform ausbuttern und die Himbeeren hineingeben
(tiefgefrorene Himbeeren vorher auftauen).

Den Mascarpone mit den Eigelben und dem Zucker vermengen und über
die Himbeeren geben.

Im vorgeheizten Ofen bei 200 °C 25 Minuten überbacken.

1 EL Butter
300 g frische oder tiefgefrorene Himbeeren
250 g Mascarpone
2 Eigelb
4 EL Zucker

Rezeptverzeichnis

Augen- und Gaumenschmaus mit Kochbüchern
aus dem AT Verlag

Ralf Kabelitz
Cuisine du Jardin
Die Poesie der vegetarischen Küche
144 Seiten, 45 Farbfotos

Eine vegetarische Jahreszeitenküche in höchster
Vollendung – jedes Gericht ein kleines Gesamtkunstwerk
für Auge, Nase, Gaumen und Herz. Aus den Gaben
der Natur zaubert Ralf Kabelitz in über 80 Rezepten
Feinschmeckergenüsse auf den Tisch: von den ersten,
zarten Frühlingskreationen über die farbenfrohe Fülle
des Sommers und Herbstes bis zu den verkannten
Genüssen des Winters. Festgehalten in meisterhaften
Rezept- und Stimmungsfotos.

Diane Seed
Die hundert besten Pasta-Saucen
124 Seiten, mit farbigen Illustrationen
von Robert Budwig

Das A und O von Teigwarengerichten ist ihr Begleiter,
die Sauce. «Pasta-Saucen» bietet eine Vielfalt ursprüng-
licher, echt italienischer Gaumenfreuden – vom einfachen, schnellen Gericht für Eilige über abwechslungs-
reiche, phantasievolle vegetarische Genüsse bis hin
zu den kulinarischen Höhenflügen mit Trüffel, Kaviar,
Lachs, Teigwarensoufflés und -pasteten.